許振隆　編著

國旗國徽國歌知多少

中學篇

中 華 教 育

目錄

第 4 章　實踐篇

國旗

前言

　　香港回歸祖國，至今已有四分一世紀，多年來從政治、經濟、社會、民生所歷經的變化，實在多種多樣。國旗、國徽和國歌作為國家象徵，它們在香港社會也越發為大眾所重視。

　　1997 年 7 月 1 日零時零分零秒，國旗在香港會議展覽中心政權交接儀式上升起，標誌着中華民族一洗前恥，揚眉吐氣。國旗升起、國徽掛起和國歌奏起，銘刻了香港回歸的事實，從那一刻開始，香港回到祖國的懷抱。

　　回歸之初，香港學校普遍對升國旗並不重視，原因是對其認識不多，社會也未形成氛圍。2002 年香港升旗隊總會成立，它由民間發起，旨在推動和鼓勵中、小學校舉行升旗禮；2009 年，香港升旗隊總會的幼兒升旗隊成立。總會的隊伍和成員希望通過升旗儀式、升旗禮儀的實踐與宣傳，培養青少年以至幼兒從小開始，認識國家，關心國家。近年來，國旗和國歌教育受到學界普遍重視歡迎，學校紛紛參與培訓及成立升旗隊，升旗禮成為香港校園生活的重要組成部分。

　　香港經濟一直發展蓬勃，但過去一段時間人心卻未完全回歸，政爭不

斷，虛耗了不少光陰，皆因部分人未認同中國人的國民身份。近年香港社會對大灣區的認識逐漸增加，社會經濟民生的發展亦緊密相連，青年人發展前景更是無限。及至《國安法》在香港落實，社會重回正軌，一切有序前行。香港青少年人，如從小對國旗、國徽、國歌等國家象徵有所認識，認同自己中國人的身份，無疑對香港融入國家大局非常重要。

　　今年是香港特別行政區成立 25 周年，編寫本書是希望青少年、教育工作者和社會人士，通過深入認識國旗、國徽、國歌，認同自己的國民身份，以國家為榮，為國家作貢獻。

許振隆
香港教育工作者聯會黃楚標中學校長
香港升旗隊總會總監
二零二二年九月

基礎知識篇

國旗

國旗的式樣和含義

中華人民共和國的國旗是由國家正式規定，代表本國的旗幟。

因此，為了維護國旗的尊嚴，國旗的式樣、圖案和使用辦法，通常由憲法或專門法律規定，用以增強公民的國家觀念，弘揚愛國主義精神。

中華人民共和國是一個有固定居民，有確定領土，有政權組織和具有主權的國家。所以，國旗是一個國家的標誌，象徵着國家的主權和尊嚴。

中華人民共和國國旗，又稱「五星紅旗」，是由曾聯松所設計的。

國旗形狀、顏色兩面相同，旗上五顆星兩面相對。旗面呈長方形，它的長與高比例是 3：2。

旗面所用的紅色，也稱為「國旗紅」，象徵革命。五角星用黃色是為着在紅地上顯出光明。旗杆套是白色的。

旗面左上方綴有五顆五角星，其中一顆星較大，四顆星較小。四顆小五角星環拱在大五角星的右面。大五角星代表中國共產黨，四顆小五角星各有一尖正對着大五角星的中心點，表示圍繞着一個中心而團結，象徵在中國共產黨領導下的革命人民大團結。

國旗是按照 1949 年 9 月 28 日中國人民政治協商會議第一屆全體會議主席團公布的《國旗製法説明》製作。該説明把國旗的通用尺度定為 5 種規格：

1. 長 288 厘米，高 192 厘米

2. 長 240 厘米，高 160 厘米

3. 長 192 厘米，高 128 厘米

4. 長 144 厘米，高 96 厘米

5. 長 96 厘米，高 64 厘米

國旗除了以上列明的尺度外，在特殊情況下，使用其他尺度的國旗，應當按照通用尺度按比例適當放大或縮小。

國旗的設計與繪製

　　國旗，代表了國家，所以確定國旗的設計方案是非常謹慎和嚴肅的事情。1949 年在全國勝利前夕，有關成立新中國的工作已開始準備。

　　1949 年 6 月 15 日新政治協商會議籌備會第一次全體會議在北平中南海勤政殿召開。6 月 16 日，周恩來主持了籌備會常委會第一次會議，決定在常委會領導下設立六個小組，由第六小組擬定國旗、國徽、國歌方案，組長是著名教育家、中國民主促進會負責人馬敍倫，副組長是北平軍管會主任葉劍英和沈雁冰，小組祕書是彭光涵。

　　第六小組決議向全國人民發布啟事，徵集對國旗、國徽、國歌的意見和方案，並推選葉劍英為國旗、國徽圖案初選委員會召集人。

　　1949 年 7 月 14 日至 8 月 15 日，《人民日報》、《解放日報》、《民報》等報章發表了《徵求國旗國徽圖案及國歌辭譜啟事》，香港及海外各華僑報章亦紛紛轉載。及至 8 月 20 日截止，徵集的稿件達數千件，其中國旗設計稿 1920 件、圖案 2992 件，充分反映海內外中華兒女對新中國的期盼。

　　1949 年 9 月 21 日，中國人民政治協商會議第一屆全體會議在北平開幕，第六小組正式定名為「國旗國徽國歌國都紀年方案組」。初選委員會從應徵圖案中精選出 38 幅，編製成《國旗圖案參考資料》，供全體代表討論。

　　經過一段時間的討論，毛澤東主席最後拿起放大了的五星紅旗（復字第三十二號）圖案說：「大家都說這個圖案好。中國革命的勝利就是在中國共產黨的領導下，以工農聯盟為基礎，團結了小資產階級、民族資產階級，共同鬥爭取得的，這是中國革命的歷史事實。今後還要進行社會主義建設。我看這個圖案反映了中國革命的實際，表現了我們革命人民的大團結。現在要大團結，將來也要大團結。因此，現在也好，將來也好，又是團結，又是革命。」大家熱烈鼓掌表示贊同。

1949 年 9 月 27 日，中國人民政治協商會議第一屆全體會議上，周恩來將五星紅旗展開在主席台上，審議並通過《關於中華人民共和國國都、紀年、國歌、國旗的決議》，正式確定中華人民共和國的國旗。決議案全文是：

「全體一致通過：中華人民共和國的國旗為紅地五星旗，象徵中國革命人民大團結。」

曾聯松（1917－1999），浙江瑞安人，從小愛書畫，寫得一手好字。舊中國時，山河破碎、民不聊生、國家經濟落後的悲慘狀況，激發了他科學救國的志向，決定放棄自己學文的道路。1935 年，他勇敢地參加了南京聲援北京「一二・九」學生愛國運動的集會遊行。

年青時的曾聯松

1936 年，曾聯松如願考上中央大學法學院經濟系。他放棄了科技，選擇了經濟，因為他想用經濟專業，探尋國弱民窮的病根所在，能夠更方便地接觸到社會，以便找出救國藥方。

1949 年初，上海解放不久，曾聯松從報章上看到新政協籌備會關於徵求國旗圖案的啟事，於是心情激動地開始埋首設計，他當時只有 32 歲。8 月上旬，他把精心繪製的五星紅旗圖案寄往北京。9 月 28 日大清早，曾聯松回到辦公室，準備開始一天的工作。當郵遞員把當天的《解放日報》送到時，只見頭版頭條套紅刊登了新國旗的圖案。曾聯松看着這熟悉的圖案，一下子驚呆了，不敢相信這就是他設計的國旗。

多年後，他回想這段往事，說：「建立新中國一直是縈繞在我心頭的願望，我不是藝術家，也不是從事美術設計的，當時之所以不量力度

德，亦不計工拙，想到去設計國旗圖案，實在是一種歡呼新中國誕生的喜悅，一種熱切愛國的激情使然。」

曾聯松讀書時期，已經是一名關心國家命運的青年，對舊中國的腐敗和黑暗深惡痛絕、憂心如焚。「九一八」事變後，他投身反對日本侵略的愛國活動，響應「一二・九」等學生運動。1949 年當他看到徵求國旗圖案的啟事後，意識到新中國即將成立，便懷着激情投入國旗圖案的設計之中。

一天晚上，曾聯松到戶外散步，不斷在思索國旗圖案的細節。當他抬頭看見閃爍的繁星時，突然產生靈感，感到中國共產黨是人民的大救星。於是他便以大五角星來象徵中國共產黨，環繞的小五角星就像廣大的人民在共產黨的領導下，團結起來，艱苦奮鬥，不斷地取得勝利。因此，國旗以四顆小五角星象徵廣大人民緊緊地環繞在中國共產黨的周圍，每顆小星各有一個角正對大星的中心點，表達億萬人民心向共產黨之意。

曾聯松設計的中華人民共和國國旗圖案原稿

　　根據曾聯松應徵的國旗設計稿所列寫的「國旗的意義」，這五顆星包含了多重意思。以大星引導於前，小星環拱於後，似眾星拱北辰，表達了政權特徵。五顆星形成的橢圓形，象徵中國的疆土，體現了地理特徵。其中四顆小星含有四千年（有文字以來）歷史及燦爛文明的歷史特徵和文化特徵。

　　對於國旗上五顆星的布局，曾聯松曾想把五顆星置於旗面的正中，雖然端莊，但天地不寬，局促凝滯。反覆斟酌後，他把五星置於旗面的左上方，四顆小星呈半月形環繞大星，佔旗面的四分一，居高臨下，頓覺天高地闊，彷彿金星閃耀，光照神州大地。就五顆星的結構來說，大小呼應，疏密相間，渾然一體，穩健生動。

　　因此，曾聯松設計的國旗圖案，從美感以至含義，都經過細緻的構思，充分表達了他對新中國的情懷。

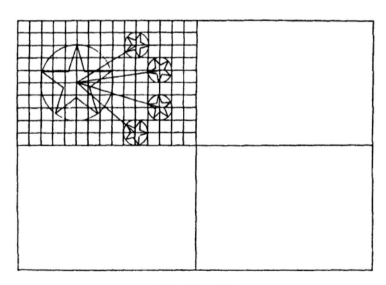

國旗製法圖案

　　讀過上面的故事，我們知道五顆金黃色五角星，在國旗的設計中具有非常重要的意義。因此繪製國旗，畫好國旗上的星星是非常重要的。《中華人民共和國國旗法》與為了落實列入《基本法》附件三的《中華人民共和國國旗法》與《中華人民共和國國徽法》而制定的《國旗及國徽條例》規定了國旗上五顆星星的繪製方法：

1. 為便於確定五星之位置，先將旗面對分為四個相等的長方形，將左上方之長方形上下劃為十等分，左右劃為十五等分。

2. 大五角星的中心點，在該長方形上五下五、左五右十之處。其畫法為：以此點為圓心，以三等分為半徑作一圓。在此圓周上，定出五個等距離的點，其一點須位於圓之正上方。然後將此五點中各相隔的兩點相聯，使各成一直線。此五直線所構成之外輪廓線，即為所需之大五角星。五角星之一個角尖正向上方。

3. 四顆小五角星的中心點，第一點在該長方形上二下八、左十右五之處，第二點在上四下六、左十二右三之處，第三點在上七下三、左十二右三之處，第四點在上九下一、左十右五之處。其畫法為：以以上四點為圓心，各以一等分為半徑，分別作四個圓。在每個圓上各定出五個等距離的點，其中均須各有一點位於大五角星中心點與以上四個圓心的各聯結線上。然後用構成大五角星的同樣方法，構成小五角星。此四顆小五角星均各有一個角尖正對大五角星的中心點。

國徽

國徽的式樣與含義

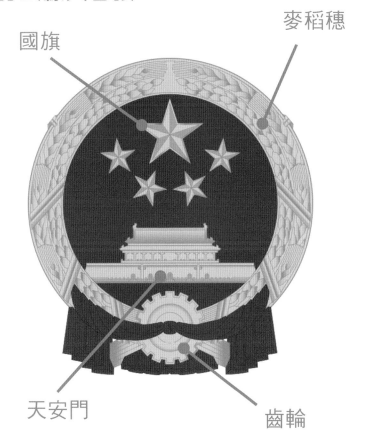

國旗

麥稻穗

天安門

齒輪

　　國徽中心部分是五星照耀下的天安門城樓，城樓正中上方是四個金色的小五角星以半弧形環繞一個金色的大五角星，象徵中國共產黨領導下的全國人民大團結。天安門體現了中國人民的革命傳統和民族精神，同時也是我們偉大祖國首都北京的象徵。天安門是「五四」運動的發源地，又是新中國舉行開國大典、第一面五星紅旗升起的地方。國徽的四周，是由兩把金色的麥稻穗組成正圓形的環；麥稻稈的下方交叉點上，是一個金色的圓形齒輪；齒輪的中心交織着紅色綬帶，綬帶向左右縮住麥稻穗而下垂，把齒輪分成上下兩部分，象徵着工人階級領導下的工農聯盟。國徽在顏色上用正紅色和金色互為襯托對比，體現了中華民族特有的吉壽喜慶的民族色彩和傳統，既莊嚴又富麗。

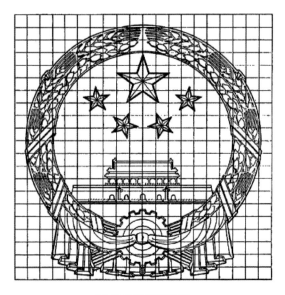

國徽方格墨線圖

國徽是按照 1950 年 9 月 20 日中央人民政府委員會辦公廳公布的《中華人民共和國國徽圖案製法説明》製作。該説明把國徽的內容、顏色、通用尺度等都具體説明如下：

1. 兩把麥稻組成正圓形的環。齒輪安在下方麥稻稈的交叉點上。齒輪的中心交結着紅綬。紅綬向左右綰住麥稻而下垂，把齒輪分成上下兩部。

2. 從圖案正中垂直畫一直線，其左右兩部分，完全對稱。

3. 圖案各部分之地位、尺寸，可根據方格墨線圖之比例，放大或縮小。

4. 如製作浮雕，其各部位之高低，可根據斷面圖之比例放大或縮小。

5. 國徽之塗色為金紅二色：麥稻、五星、天安門、齒輪為金色，圓環內之底子及垂綬為紅色；紅為正紅（同於國旗），金為大赤金（淡色而有光澤之金）。

國徽的直徑通用尺度為下列三種：

1. 100 厘米

2. 80 厘米

3. 60 厘米

如果需要懸掛非通用尺度國徽，應當按通用尺度成比例適當放大或縮小，並與使用目的、所在建築物、周邊環境相適應。

國徽誕生的過程

　　1949 年 6 月 15 日新政治協商會議籌備會第一次全體會議在北平召開。籌備會常委會第一次會議，決定由第六小組擬定國旗、國徽、國歌方案。第六小組決議向全國人民發布啟事，徵集對國旗、國徽、國歌的意見和方案，並推選葉劍英為國旗、國徽圖案初選委員會召集人。

　　1949 年 7 月 14 日至 8 月 15 日在《人民日報》、《解放日報》、《民報》等報紙發表《徵求國旗國徽圖案及國歌辭譜啟事》，對國徽設計提出要求：「（甲）中國特徵；（乙）政權特徵；（丙）形式須莊嚴富麗。」香港及海外各華僑報章亦紛紛轉載。及至 8 月 20 日截止，徵集的稿件達數千件，其中國徽設計稿 112 件、圖案 900 幅。應徵圖案雖然不少，但可惜的是，投稿者大都把國徽誤以為是圖標，把國徽設計成和國旗一樣有國家標記的圖案。

　　9 月 21 日第六小組向大會主席團提交報告，說明：「國徽圖案的投稿大多數不合體制，因為應徵者多把國徽想像作普通的證章或紀念章。合於國徽體制的來稿，其中又有圖案意味太重，過於纖巧的。比較可供參考採擇者，僅四五式。」

　　9 月 25 日在中南海豐澤園座談會上，與會者對於國徽圖案意見都不統一。毛澤東主席便說：「國旗決定了，國徽是否可慢一點決定，等將來交給政府去決定」，「原小組還繼續存在，再去設計」。9 月 27 日召開的新政協第一屆全體會議，大會主席團決定，邀請建築學家梁思成、林徽因領導的清華大學營建學系設計組和美術家張仃為首的中央美術學院設計組，展開國徽圖案設計競賽。

　　開國大典在即，結果在中國人民政治協商會議第一屆全體會議上只確定了國旗和國歌，而國徽方案暫未選定。因此，開國大典時天安門城樓上並沒有懸掛國徽。

　　1950 年 6 月 20 日，國徽審查小組召開會議，最後一次評審清華大學營建系與中央美術學院分別提出的方案，最終確定清華大學營建系梁思成、林徽因等 8 位教師設計的國徽方案中選，並送政協大會表決。此後，又根據周恩來的意見，修改了國徽的稻穗細部形象等。

　　6 月 28 日，中央人民政府委員會第八次會議通過了政協第一屆全國委員會第二次會議提出的《中華人民共和國國徽圖案及對設計圖案的說明》。

　　9 月 20 日，中央人民政府主席毛澤東主席發布命令，公布國徽圖案。同日各報刊登國徽的石膏模型照片、國徽圖案説明，以及「國徽方格墨線圖」和「國徽縱斷面圖」。至此，莊嚴富麗的中華人民共和國國徽終於誕生了。

毛澤東主席公布國徽方案

國歌

國歌的詞曲

　　國歌是由國家正式規定，代表本國的歌曲，用於隆重集會、國際交往儀式等場合。國歌通常由憲法或專門法律所規定。

《義勇軍進行曲》的由來與國歌的產生

中華人民共和國的國歌，又稱《義勇軍進行曲》，這首歌曲是怎樣創作出來的呢？

《義勇軍進行曲》創作於 1935 年，是「中華民族到了最危險的時候」產生的作品。

1931 年，日本為了擺脫世界經濟危機造成的困境，轉移國內尖銳的矛盾，實現既定征服全中國的野心，悍然發動侵略中國東北的「九·一八」事變。這時，以蔣介石為首的南京國民政府，堅持「攘外必先安內」的政策，對日本侵略持不抵抗政策。

1932 年 1 月，東北全境大片國土淪喪在日寇的鐵蹄下。同時，日軍突襲駐紮在上海的十九路軍，製造了「一·二八」事變。

1935 年，日方在華北各地策動漢奸進行「五省自治活動」、成立「冀東防共自治委員會」等偽政權，宣布華北獨立，史稱「華北事變」。

1935 年，國家正值危亡之秋，田漢創作以抗日救亡為主題的電影《風雲兒女》劇本。田漢按照電影故事情節的發展，為影片主人公辛白華創作的長詩《萬里長城》擬寫了最後一節詩稿。這一節詩，後來就成為影片的主題歌《義勇軍進行曲》的歌詞。田漢在國民黨追捕下，寫成這首歌詞。他當時身處險境，只來得及把歌詞寫在一張煙盒的錫箔襯紙上。但他沒有時間抄寫整理，就被捕入獄了。

田漢被捕後，夏衍接過了田漢的劇本手稿，發現了那張寫着歌詞的煙盒錫箔襯紙。他越看越動情，感到這是一首難得的好歌詞，便隨即把歌詞交給了青年音樂家聶耳。同年 4 月，聶耳完成了曲譜的初稿，在日本完成全部歌譜後，他將這份作品寄回上海。

等到電影《風雲兒女》前期拍攝完成，田漢的主題歌仍沒有確定歌名，而聶耳從日本寄回來的歌詞譜曲名稱只寫了《進行曲》三字。最後，《風雲兒女》的投資人朱慶瀾將軍在「進行曲」前加上了「義勇軍」三字，將這首歌命名為《義勇軍進行曲》。

　　1935 年 5 月 16 日，上海出版的《電影畫報》首次刊出了《義勇軍進行曲》的歌譜。7 月，電影《風雲兒女》在上海首映，《義勇軍進行曲》引起了強烈的反響。這首歌曲很快傳遍了長城內外、大江南北，表達了中國人民反對外來侵略、對內團結一致、奮發拼搏、自強不息的決心。

　　1949 年 6 月 15 日，新政治協商會議籌備會第一次全體會議在北平召開。籌備會常委會第一次會議上，決定由第六小組擬定國旗、國徽、國歌方案。第六小組決議向全國人民發布啟事，徵集對國旗、國徽、國歌的意見和方案，並推選郭沫若為國歌詞譜初選召集人。

　　國歌的徵集啟事經周恩來審批後，1949 年 7 月 14 日至 8 月 15 日在《人民日報》、《解放日報》、《民報》等報章發表《徵求國旗國徽圖案及國歌辭譜啟事》，香港及海外各華僑報章亦紛紛轉載。及至 8 月 20 日截止，徵集到的稿件達數千件，其中國歌 632 件、歌詞 694 件。這充分反映了海內外中華兒女對新中國的期盼。

　　1949 年 8 月 5 日在第六小組的第二次會議上，決定聘請馬思聰、呂驥、賀綠汀、姚錦新參加國歌詞譜評選委員會。第六小組成員和專家認真評選，並組織樂隊演奏，但感到徵集的稿件效果不理想，大家認為，在短時間內要創作出理想的國歌詞譜是比較困難的。

　　毛澤東主席得知國歌的選訂陷入困境時，就親自召集了 20 多位有名望的各界代表一起商議。儘管這個座談會事先發了通知，可是會議一開始還是冷場。大家都知道，國歌需要符合很高的標準，具有重要的地位，不是任意一首歌就可以替代。

　　最先打破冷場的是被聘為國旗、國徽評選委員會的專家徐悲鴻，他建議「用《義勇軍進行曲》作為代國歌」。他的建議立即得到周恩來的贊同。周恩來說，《義勇軍進行曲》這支歌曲豪邁雄壯，有革命氣概，節奏也很鮮明，適於演奏，適合作為國歌。

　　劉良模曾經為《義勇軍進行曲》在國外的傳播做了巨大貢獻，他認為這首歌既然在國內國外人民中博得了一致的頌揚，用來作國歌，可以採用聶耳的歌譜，歌詞則另擬。

《義勇軍進行曲》能否作為國歌，在會上沒有形成決議。

第六小組向新政協籌備會報告説：「經本組慎重研討，認為國歌徵集之稿，足以應選者尚少，必須再行有計劃地徵集一次，將選取者製曲試演。向羣眾中廣求反映後再行提請決定，非最近時期內可以完成。」國歌的選訂，便交由大會主席團研究決定。

9 月 25 日，毛澤東、周恩來在中南海豐澤園召開協商國旗、國歌等問題的會議。郭沫若、沈雁冰、黃炎培、陳嘉康等 18 人出席了會議。在討論國歌的時候，毛澤東主席説：「大家認為用《義勇軍進行曲》作國歌最好，意見比較一致，我看就這樣定下來吧！」馬敍倫説：「我們第六小組完全贊同毛主席的意見，但有些同志要求修改歌詞的某些內容。」周恩來接着説：「要嗎就用舊的歌詞，這樣才能鼓動情感，修改後唱起來就不會有那種感情。」會議代表們經過認真討論，都認為《義勇軍進行曲》仍具有現實意義，它會激勵我們居安思危，勝利前進。

最後，毛澤東主席總結説：「歌詞不要改。『中華民族到了最危險的時候』這句歌詞過時了嗎？我看沒有，我國人民經過艱苦鬥爭終於勝利了，但是還受着帝國主義的包圍，不能忘記帝國主義對我們的壓迫。我們要爭取中國完全獨立解放，還要進行艱苦卓絕的鬥爭，所以，還是原詞好。」

最後大家一致贊成用《義勇軍進行曲》暫代國歌，毛澤東、周恩來和大家合唱《義勇軍進行曲》後散會。

1949 年 9 月 27 日，在中國人民政治協商會議第一屆全體會議上，審議並通過《關於中華人民共和國國都、紀年、國歌、國旗決議》中國歌的決議案。全文如下：

「全體一致通過：在中華人民共和國的國歌未正式制定前，以義勇軍進行曲為國歌。」

誰將《義勇軍進行曲》翻譯成英文？

　　早在《義勇軍進行曲》被定為中國國歌以前，就有人將其歌詞翻譯為英文。儘管這份英譯歌詞並非國歌的英文版本，但它的傳播，令更多外國人士了解到中國人民抗日救亡的情況。

　　《義勇軍進行曲》最早的英文譯者是著名音樂家李抱忱。李抱忱曾兩次赴美深造，獲音樂教育博士學位。在美國，他致力於研究音樂，組織指揮中文合唱團並傳播中國文化。他一生創作了大量的四部合唱曲，出版了《合唱指揮》、《李抱忱歌曲集》、《抗戰歌曲集》、《獨唱曲集》和《李抱忱音樂論文集》等著作，為中國音樂事業的發展作出了貢獻。1939 年，在抗日救亡的大背景下，李抱忱編輯的英文五線譜版 *CHINA'S PATRIOTS SING*（中文書名為《中國抗戰歌曲集》）在香港出版發行，並發行到美國、印度，向世界介紹中國抗戰歌曲。這本書編入了《義勇軍進行曲》、《游擊隊歌》、《大刀進行曲》、《嘉陵江上》等多首膾炙人口的抗戰歌曲，在《義勇軍進行曲》英文註解中，李抱忱寫道：「此歌原用作電影《風雲兒女》的主題歌。這激動人心的『痛苦和憤怒的吶喊』像大火席捲全國，現在仍然是中國最流行的抗戰歌曲。」

　　那麼，李抱忱翻譯的《義勇軍進行曲》的歌詞是怎麼樣的呢？讀一讀以下的歌詞內容，想一想它在翻譯選詞上有甚麼特點：

March of the Volunteers

Arise! ye who refuse to be bond slaves!

With our very flesh and blood, let us build our new Great Wall!

China's masses have met the day of danger,

Indignation fills the heart of all of our countrymen.

Arise! Arise! Arise! Many hearts with one mind,

Brave the enemy's gunfire, march on!

Brave the enemy's gunfire, march on!

March on! March on! on!

附有英文翻譯的《義勇軍進行曲》五線譜詞曲

法律法規篇

國旗、國徽、國歌相關的全國性法律

國旗

憲法是國家最高法律地位的文件。對於國旗的地位，自然要通過憲法表現出來。因此，國旗的式樣、圖案和使用辦法，一般都由國家憲法或專門法律規定，用以增強公民的國家觀念和弘揚愛國主義精神。

1949 年 9 月 21 日，中華人民共和國成立前夕，中國人民政治協商會議第一屆全體會議通過了《關於中華人民共和國國都、紀年、國歌、國旗的決議》，其中的第四條規定：「全體一致通過：中華人民共和國的國旗為紅地五星旗，象徵中國革命人民大團結。」

1954 年中國第一部憲法制定，當中設有專章規定了「國旗、國徽、首都」。經過歷次修訂憲法，有關國旗的規定都保留了下來。

現行的《中華人民共和國憲法》是基於 1982 年 12 月 4 日通過的憲法版本，它經過 5 次的修正，時間分別是 1988 年、1993 年、1999 年、2004 年和 2018 年。然而無論哪個時期的憲法皆規定了「中華人民共和國國旗是五星紅旗」。

國徽

國徽是國家的象徵，具有和國旗同樣的憲法意義。

國徽和同樣為國家象徵的國旗、國歌不同之處在於，它主要是靜態的，沒有升降旗的禮儀儀式，也不像國歌需要奏唱。

中國的第一部憲法中，就有專章規定「國旗、國徽、首都」。經過歷次修訂憲法，都保留了有關國徽的規定。

如前所述，中國雖然有不同時期的憲法，它們跟現行憲法第四章「國旗、國歌、國徽、首都」第一百四十二條同樣規定了「中華人民共和國國徽，中間是五星照耀下的天安門，周圍是穀穗和齒輪」。

國歌

1949 年新中國成立時，國歌仍未正式制定，於是《義勇軍進行曲》便作為代國歌。因此，1954 年第一部憲法中，並沒有關於國歌的章節。

1978 年 2 月 26 日至 3 月 5 日，第五屆全國人民代表大會第一次會議，決定國歌仍然採用聶耳譜寫的原曲，而歌詞由集體重新填寫。

1982 年 12 月 4 日，第五屆全國人民代表大會第五次會議以不記名方式投票，通過了《關於中華人民共和國國歌的決議》，決定：「恢復《義勇軍進行曲》為中華人民共和國國歌，撤銷本屆全國人民代表大會第一次會議 1978 年 3 月 5 日通過的《關於中華人民共和國國歌》的決定。」同時，回復原本的歌詞。

2004 年 3 月 14 日，第十屆全國人民代表大會第二次會議通過了《中華人民共和國憲法修正案》，原憲法第四章「國旗、國徽、首都」修改為「國旗、國歌、國徽、首都」，賦予國歌以憲法地位。2018 年《中華人民共和國憲法》修正文本的第四章「國旗、國歌、國徽、首都」第一百四十一條，規定了「中華人民共和國國歌是《義勇軍進行曲》」。

《中華人民共和國國旗法》

升掛國旗是公民的國家觀念和愛國意識的表現，所以國家必須令公民對國旗有準確而具體的認識。

憲法和《國旗製作説明》規定了國旗的法律地位、式樣、尺寸與色彩，但對於禮節、使用和升降儀式都沒有統一的規定。直至 1984 年，中央宣傳部頒布了《關於中華人民共和國國旗升掛的暫行辦法》，有關國旗的升降儀式、禮儀舉止、依法使用等方面內容，才有較全面的規範。

1988 年初，第七屆全國人大代表李玉坤向全國人大常委會提出《加強愛國教育，喚起人民的國家觀念，儘快制定張掛國旗具體辦法的建議》。

1990 年 6 月 28 日，第七屆全國人民代表大會常務委員會第十四次會議通過，並由國家主席頒布第 28 號主席令，宣布自 1990 年 10 月 1 日起實施《中華人民共和國國旗法》（簡稱《國旗法》）。從此，中華人民共和國國旗的使用和管理，走上了法制化的道路。

現在，國旗的法律性地位，除了憲法規定外，在《國旗法》的第二條明確規定：「中華人民共和國國旗是五星紅旗。中華人民共和國國旗按照中國人民政治協商會議第一屆全體會議主席團公布的國旗製作説明製作。」

我們作為中國人對於國旗應有的態度和責任，也體現在《國旗法》的第四條規定：「中華人民共和國國旗是中華人民共和國的象徵和標誌。每個公民和組織，都應當尊重和愛護國旗。」《國旗法》的頒布實施，使國旗的升掛使用有法可依，對於維護國旗尊嚴，增強公民的國家觀念以及開展愛國主義教育，都有着重要的意義。

《中華人民共和國國徽法》

　　為規範國徽的使用，1950 年 9 月 20 日，中央人民政府委員會第八次會議通過並頒布實施了《國徽使用辦法》。新中國成立 40 多年後，不少人大代表反映原《國徽使用辦法》「許多內容已不適應實際需要，如對使用國徽及其圖案的範圍規定得較窄，辦法中列舉的許多國家機構的名稱已發生變化」，而且當時對國徽的製作與規格，國徽的商業化使用、不當傳播以及侮辱國徽的處罰都無法規可參照，因此，有必要儘快制定專門的國徽法來規範這些內容，做到關於國徽的事有法可依。

　　為了維護國徽的尊嚴，增強公民的國家觀念，國家根據憲法，對國徽的製作、規格、使用方法等重要內容作出規定。

　　1991 年 3 月 2 日，第七屆全國人民代表大會常務委員會第十八次會議通過《中華人民共和國國徽法》（簡稱《國徽法》），並由同年 10 月 1 日起正式施行。《國徽法》的第三條作出規定：「中華人民共和國國徽是中華人民共和國的象徵和標誌。一切組織和公民，都應當尊重和愛護國徽。」

　　2009 年 8 月 27 日，第十一屆全國人民代表大會常務委員會第十次會議，修改了《國徽法》中第十三條關於治安管理處罰的規定。

《中華人民共和國國歌法》

　　為了彰顯國歌的嚴肅性和權威性，2017 年 9 月 1 日第十二屆全國人民代表大會常務委員第二十九次會議表決通過了《中華人民共和國國歌法》（簡稱《國歌法》），並從 2017 年 10 月 1 日起正式施行。它規範了國歌的奏唱、播放和使用，還對國歌的標準曲譜和官方錄音版本以及國歌的宣傳教育進行了規定。

　　《國歌法》第二條明確規定：「中華人民共和國國歌是《義勇軍進行曲》。」國歌是國家的象徵和標誌，因此一切公民和組織都應當尊重國歌，維護國歌的尊嚴。

　　《國歌法》具體説明國歌必須納入中小學教育當中，通過學唱國歌，學生可以了解國歌的歷史和精神內涵、遵守奏唱國歌的禮儀。國歌讓學生體會中華民族苦難深重的歷史和中華先烈不屈的精神，從而激發民族責任感，從小樹立為祖國奮鬥的堅定信念。

學校正在舉辦升國旗唱國歌的講座

《基本法》與國旗、國徽、國歌

有人會想問：《中華人民共和國國旗法》也適用於香港嗎？答案是肯定的。

1990 年 4 月 4 日經第七屆全國人民代表大會第三次會議通過的《中華人民共和國香港特別行政區基本法》（簡稱《基本法》）中第十八條第二款規定，「全國性法律除列於本法附件三者外，不在香港特別行政區實施。凡列於本法附件三之法律，由香港特別行政區在當地公布或立法實施」。而當時收錄在附件三「在香港特別行政區實施的全國性法律」中包括了《關於中華人民共和國國都、紀年、國歌、國旗的決議》和《中央人民政府公布中華人民共和國國徽的命令》。

及後於 1997 年 7 月 1 日經第八屆全國人民代表大會常務委員會第二十六次會議通過對《基本法》附件三增加《中華人民共和國國旗法》和《中華人民共和國國徽法》。所以，從 1997 年 7 月 1 日起，《中華人民共和國國旗法》和《中華人民共和國國徽法》同樣適用於香港。

在《基本法》的第十條也有規定：「香港特別行政區除懸掛中華人民共和國國旗和國徽外，還可使用香港特別行政區區旗、區徽。」

2017 年 11 月 4 日，第十二屆全國人民代表大會常務委員會第三十次會議正式通過《全國人民代表大會常務委員會關於增加〈中華人民共和國香港特別行政區基本法〉附件三所列全國性法律的決定（草案）》，把《中華人民共和國國歌法》列入《中華人民共和國香港特別行政區基本法》附件三。所以，《中華人民共和國國歌法》也屬於在香港實施的全國性法律。

《國旗及國徽條例》

　　香港在回歸前夕，便對於國旗和國徽制訂了相關條例的草案。1997年 6 月 14 日，臨時立法會就香港回歸後國旗、國徽在香港的使用通過了《國旗及國徽條例草案》。1997 年 7 月 1 日《國旗及國徽條例》生效，規範了在香港特別行政區使用和保護國旗、國徽的條文。現時的條文內容，是在 2021 年 10 月 8 日作出修訂並通過。條文明確中華人民共和國國旗和國徽是國家的標誌，也是國家和國家主權的象徵。

　　除此以外，根據《國旗及國徽條例》的相關授權和要求，行政長官也公布了規定，指明應展示或使用國旗和國徽的機構、場合及其他場所，以及展示或使用國旗和國徽所必須遵從的方式及條件。行政長官同時也公布了須在政府機構網站首頁的顯著位置使用國徽圖案的機構，以及就國旗及國徽的收回及處置作出規定。

　　現時為止，與國旗和國徽有關的法律法規包括：

1) 1949 年 9 月 27 日通過的《關於中華人民共和國國都、紀年、國歌、國旗的決議》；

2) 1954 年 9 月 20 日通過的《中華人民共和國憲法》；

3) 1990 年 6 月 28 日通過，1990 年 10 月 1 日起施行的《中華人民共和國國旗法》；

4) 1990 年 4 月 4 日頒布的《中華人民共和國香港特別行政區基本法》附件三，包括《中華人民共和國國旗法》，並在 1997 年 7 月 1 日起生效；

5) 1997 年 7 月 1 日生效，在 2021 年 10 月 8 日作出修訂並通過的《國旗及國徽條例》。

現時，香港對於國旗和國徽的使用，有了更清晰的要求和指引，有利增強大眾的國民身份認同。

此外，《國旗及國徽條例》還規定了相應的刑事罪行條款來保護國旗、國徽。任何人如公開及故意以焚燒、毀損、塗劃、玷污、踐踏國旗、國徽或其圖像的方式或以其他方式侮辱國旗或國徽；或者意圖侮辱國旗或國徽，而故意發布以焚燒、毀損、塗劃、玷污、踐踏國旗、國徽或其圖像的方式或以其他方式侮辱國旗或國徽的情況，即屬犯罪。觸犯有關刑事罪行者將會被檢控，一經定罪，可處罰款及監禁。

《國歌條例》

2020 年 6 月 12 日，《國歌條例》正式刊憲生效，藉此維護國歌的尊嚴，規範國歌的奏唱、播放和使用，以增強公民的國家觀念，以及弘揚愛國精神。此外《國歌條例》還將不當使用國歌與侮辱國歌的行為規定為刑事罪行，以保護作為國家象徵的國歌。

政府對於訂立《國歌條例》，表示：「這次立法的核心精神是希望市民大眾能尊重作為國家象徵和標誌的國歌，並就奏唱國歌的標準、禮儀和場合提供指引。至於法例所定的罰則只為防止和懲治一些不當使用或存心侮辱國歌的行為。只要市民大眾沒有不當使用國歌或進行公開、故意及有意圖侮辱國歌的行為，是無需擔心誤墮法網的。」

同時，又表示：「特區政府會做好國歌的宣傳教育工作，已設立專頁讓市民了解《國歌條例》內容，和須奏唱國歌的場合所使用的標準曲譜及官方錄音等。此外，政府還推出宣傳片，在社交網絡平台、政府網頁和電子傳媒播放。教育局亦會更新學與教資源，讓學生了解國歌的歷史和精神，以及遵守國歌奏唱的禮儀。」

禮儀篇

國旗

國旗的優先地位

升掛國旗時，國旗應當置於顯著的位置。同樣，國旗與其他旗幟同時升掛時，國旗也應當置於中心、較高或者突出的位置，以示對國旗的尊重和敬仰之情。所以，學校若有三根旗杆，國旗便應該掛在中間那根。

紀律部隊的檢閱禮或大型運動會上，進場的隊伍眾多。列隊舉持國旗和其他旗幟行進時，國旗應當在其他旗幟之前。就如學校升旗儀式，升旗隊舉持國旗和區旗，國旗必須在整個行進隊列之前，國旗之後才是區旗。

國旗要置於突出位置，是由於國旗所代表的意義和所處的地位而來。國旗是國家的標誌和象徵，任何其他旗幟的地位都不能和國旗等同。所以不論在甚麼場合，國旗都應在顯著或突出的位置，以示對國旗的尊重和敬仰之情。

國旗升掛情況的規定

國旗在甚麼情況下需要升掛，這在《中華人民共和國國旗法》內有詳細列明，而我們在香港則可根據《國旗法》，配合《國旗及國徽條例》和行政長官的公布進行國旗升掛。

1. **《國旗法》規定應當每天升掛國旗的場所或機構所在地**

   1) 北京天安門廣場、新華門；

   2) 中國共產黨中央委員會，全國人民代表大會常務委員會，國務院，中央軍事委員會，中國共產黨中央紀律檢查委員會、國家監察委員會，最高人民法院，最高人民檢察院；中國人民政治協商會議全國委員會；

   3) 外交部；

   4) 出境入境的機場、港口、火車站和其他邊境口岸，邊防海防哨所。

2. **在香港按《國旗法》升掛國旗的機構所在地**

   中央人民政府駐香港特別行政區的有關機構，在每個工作日都必須按《國旗法》第六條規定升掛國旗，它們包括中央人民政府駐香港特別行政區聯絡辦公室（中聯辦）、外交部駐香港特別行政區特派員公署、中央人民政府駐香港特別行政區維護國家安全公署。

   至於中國人民解放軍駐香港部隊（簡稱駐港部隊）在香港的軍營等場地升掛、使用國旗的辦法，則是按《國旗法》規定第十一條，由中央軍事委員會規定。

金紫荊廣場上的升旗儀式

3. 在香港應當每天升掛國旗的地方

1) 行政長官官邸（包括粉嶺別墅）；

2) 禮賓府；

3) 政府總部；

4) 香港特別行政區所有口岸管制及檢查站：

5) 香港國際機場；及

6) 金紫荊廣場。

國旗與區旗飄揚的金紫荊廣場

4. 香港特別行政區政府指定應當升掛國旗的六個重大節日

除了每天必須升掛國旗的地方外，香港特區政府還定下了工作日外六個指定的日子，同樣應當升掛國旗和區旗。這六個日子是：

1) 國慶日（10 月 1 日）；

2) 香港特區成立日（7 月 1 日）；

3) 勞動節（5 月 1 日）；

4) 元旦（1 月 1 日）；

5) 農曆年初一；及

6) 國家憲法日（12 月 4 日）。

在重大節日升掛國旗，既展現節日的喜慶祥和氣氛，又可以表現社會安定、人民安居樂業、國家欣欣向榮的面貌。節日期間升掛國旗，鮮豔的五星紅旗還可以讓我們感受到今天的成就來之不易，喚起我們的民族自信心和民族自豪感。

5. 在工作日和六個指定日子應當升掛國旗的政府建築物與設施

工作日升掛國旗，作用是時刻提醒機構的工作人員，為社會服務是公務人員的宗旨。看到國旗，就應該聯想到人民的重託和期望，感到自己肩負的責任重大；通過自己的工作，為建設好社會努力奮鬥。2021 年 10 月 8 日更新的香港特區政府指引中，規定了在工作日與國慶日（10 月 1 日）、香港特別行政區成立日（7 月 1 日）、勞動節（5 月 1 日）、元旦（1 月 1 日）、農曆年初一和國家憲法日（12 月 4 日）展示國旗區旗的政府建築物與設施，在此列出規定須懸掛國旗的場所設施：

1) 行政長官辦公室

2) 行政會議

3) 前任行政長官辦公室

4) 終審法院首席法官官邸

5) 政務司司長辦公室及官邸

6) 財政司司長辦公室及官邸

7) 律政司司長辦公室及官邸

8) 終審法院大樓

9) 高等法院大樓

10) 立法會綜合大樓

11) 香港特別行政區政府駐北京辦事處

12) 香港經濟貿易辦事處

13) 以及香港警務處、入境事務處等其他政府部門總部、主要政府綜合大樓、其他政府建築物與設施、司法機構以及公共體育和文化場館等。

學校需要升掛國旗的日子

為了培養學生的國家觀念和愛國主義精神，加強學生對國民身份的認同，教育局要求全港中小學（包括特殊學校）由 2022 年 1 月 1 日開始，必須於每個上課日，以及國慶日（10 月 1 日）、香港特別行政區成立日（7 月 1 日）和元旦日（1 月 1 日）升掛國旗。學校在條件許可下，升掛國旗時應同時升掛區旗。此外，學校必須每週舉行一次升國旗儀式，及於上述日子或其前後上課日舉行升國旗儀式，升國旗儀式中必須奏唱國歌。

幼稚園在條件許可下，盡可能參照中小學的規定升掛國旗及區旗，並舉行升國旗儀式，讓學生從小開始認識自己國家的國旗和國歌。

此外，《國歌條例》與修訂後《國旗及國徽條例》中與學校教育有關的規定適用於包括國際學校在內的中小學校。

因此香港教育局鼓勵在港國際學校按實際情況，參照教育局通告第 11/2021 號的要求，在每個上課日升掛國旗，及每週舉行一次升國旗儀式。此舉旨在加強在這些國際學校內就讀的香港本地學生對中國國民身份的認同，以及加深外籍學生對中國文化的了解。教育局亦鼓勵國際學校在元旦日、香港特別行政區成立日、國慶日當天或在上述日子前或後的上課日，以及畢業禮等重要的日子舉行升國旗儀式。

舉行升旗儀式時，學校視乎活動場地，可使用固定旗杆或可移動旗杆。如早會在操場舉行，一般都使用校園的固定旗杆，但在禮堂或有蓋操場舉行，就使用可移動旗杆。學校應該讓學生親身參與升國旗儀式，通過情境熏陶以提升學生的國家觀念及對國民身份的認同。因此一般情況下，學校不應以播放升國旗儀式影片或轉播形式，取代實體的升國旗儀式。

國旗與區旗、校旗（或團體旗幟）並列升掛時的做法

　　如果學校操場上或建築物外有多根旗杆，要同時升掛國旗和區旗，究竟應該把國旗懸掛在左面那根旗杆，還是右面那根？在室內要懸掛國旗和區旗，究竟又應該怎樣辦呢？這些都是要細心了解的。

　　在建築物外的旗杆懸掛國旗、區旗和校旗時，它們的位置必須正確。當我們面向建築物前的旗杆時，確定該建築物的「左」、「右」是以人立於建築物前，面向該建築物的「左」、「右」為準。國旗在中央，區旗在左，校旗在右。

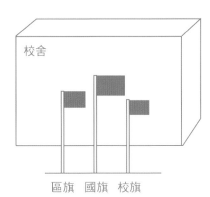

區旗　國旗　校旗

　　在室內平列懸掛國旗和區旗時，以人背向該牆，面向前方時的「左」、「右」為準。國旗在右，區旗在左，是按「以右為尊」的道理安排。所以，在禮堂或其他室內場地，國旗的位置應如下：

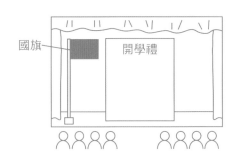

國旗　開學禮

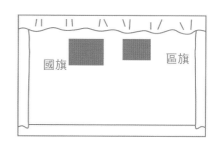

　　當並列升掛國旗、區旗時，需要注意的旗面尺寸，以顯示國旗的顯著地位。升掛 2 號尺度的國旗（國旗尺度細節詳見第一章），則區旗需用 3 號；如國旗使用 3 號，則區旗應為 4 號。若同時並掛校旗，則校旗應較區旗為小。

國旗與區旗並列時，國旗應較大

國旗升掛時間

　　根據《國旗法》規定，國旗升掛在一般情況下，應該清晨升起，傍晚降下，並未規定具體的升降旗時間。

　　至於學校，升降國旗應每天清晨升旗，靜校之後降旗（靜校指當天學校整體活動結束）。這樣更配合學校的實際情況，達致教育的效果。所以，有別於香港政府建築物，上午八時升旗，傍晚六時降旗的規定。

　　按《國旗法》規定，遇有惡劣的天氣，可以不升掛國旗。

　　北京天安門廣場每天升國旗的時間與一般場所和機構所在地不同。每天清晨，太陽從地平線升起的一刻，天安門廣場的國旗便同時升起，寓意祖國像初升的太陽一樣朝氣蓬勃，欣欣向榮。因此，6 月份升國旗的時間是凌晨四時多，而 12 月份最遲也在早上 7 時半左右。傍晚降旗的時間，也按日落進行。12 月份降國旗的時間是下午 4 時 40 多分，六月份最遲會在將近晚上 7 時 50 分。日後你到北京天安門廣場觀看升旗儀式，就可以估計它開始的大概時間。

　　過去，天安門廣場升國旗所用的時間是 2 分零 7 秒，這是以太陽從地平線升起到離開地平線全過程為準，喻示國旗和太陽同步升起。從 2018 年元旦開始，升國旗的時長有了新規定。將國旗升到杆頂用時為 46 秒，正好供國歌完整奏唱一遍。

　　新華門是中國共產黨中央委員會和中央人民政府的所在地——中南海的正門，每天升降國旗的時間也是與日出日落同時。這是天安門廣場以外，唯一一個採用這種形式升降國旗的機構所在地。

下半旗誌哀

對於國家民族有貢獻的人士，逝世後可以下半旗誌哀。《國旗法》有明確的規定，誌哀包括下列人士：

1. 中華人民共和國主席、全國人民代表大會常務委員會委員長、國務院總理、中央軍事委員會主席；

2. 中國人民政治協商會議全國委員會主席；

3. 對中華人民共和國作出傑出貢獻的人；

4. 對世界和平或者人類進步事業作出傑出貢獻的人。

下半旗誌哀的日期及場所，由國務院決定。

此外，在舉行國家公祭儀式或者發生嚴重自然災害、突發公共衛生事件以及其他不幸事件造成特別重大傷亡的情況下，也可以在全國範圍內、部分地區或者特定場所下半旗誌哀。

汶川大地震紀念碑

　　2008 年 5 月 12 日四川省汶川縣映秀鎮發生了 8 級大地震，造成 6 萬多人遇難。汶川大地震是新中國成立以來，破壞性最強、波及範圍廣、災害損失最重、救災難度最大的一次地震。為表達全國各族人民對 5.12 汶川大地震遇難者的深切哀悼，國務院決定從 2008 年 5 月 19 日至 21 日為全國哀悼日，全國和各駐外機構下半旗誌哀。

　　2020 年 4 月 4 日，為表達全國各族人民對抗擊新冠肺炎疫情犧牲的烈士和逝世同胞的深切哀悼，國務院決定當天舉行全國性哀悼活動，全國和駐外使領館下半旗誌哀。

　　在香港特別行政區，除了全國範圍內的下半旗誌哀行動外，特區政府向國務院報告獲得批准之後，還會為本地發生，或者涉及香港居民的重大災害及不幸事件下半旗哀悼。比如 2010 年，為菲律賓挾持人質事件中的遇難香港市民舉辦下半旗儀式並默哀；2012 年為南丫島撞船事件的遇難者下半旗默哀；2018 年為大埔公路交通意外喪生的人士在政府總部下半旗誌哀等。

國徽

應當懸掛國徽的場所

懸掛國徽的機構和場所，代表了國家性質和權威，同時也象徵着國家的主權和尊嚴。國徽應當懸掛在這些機構和場所的正門上方正中處。

根據《國徽法》，下列機構應當懸掛國徽：

1. 各級人民代表大會常務委員會；

2. 各級人民政府；

3. 中央軍事委員會；

4. 各級監察委員會；

5. 各級人民法院和專門人民法院；

6. 各級人民檢察院和專門人民檢察院；

7. 外交部；

8. 國家駐外使館、領館和其他外交代表機構；

9. 中央人民政府駐香港特別行政區有關機構、中央人民政府駐澳門特別行政區有關機構。

至於應當懸掛國徽的場所，則包括：

1. 北京天安門城樓、人民大會堂；

2. 縣級以上各級人民代表大會及其常務委員會會議廳，鄉、民族鄉、鎮的人民代表大會會場；

3. 各級人民法院和專門人民法院的審判庭；

4. 憲法宣誓場所；

5. 出境入境口岸的適當場所。

在香港，下列機構和場合都應懸掛國徽：

1. 行政長官辦公室；

2. 政府總部；

3. 立法會；

4. 中央人民政府駐香港特別行政區聯絡辦公室；

5. 外交部駐香港特別行政區特派員公署；

6. 中央人民政府駐香港特別行政區維護國家安全公署；

7. 宣誓儀式場所。

不可使用國徽的情況

國徽及其圖案，不得用於下列場境：

1. 商標、授予專利權的外觀設計、商業廣告；

2. 日常用品、日常生活的陳設布置；

3. 私人慶弔活動等場合；

4. 國務院辦公廳規定不得使用國徽及其圖案的其他場合；

5. 懸掛破損、污損或者不合規格的國徽。

國歌

應當奏唱國歌的場合

國家倡導公民和組織在適當的場合奏唱國歌，以表達愛國情感。奏唱國歌，同樣也是公民應有的責任。下列的場合，應當奏唱國歌：

1. 升旗儀式；

2. 重大的慶典、表彰、紀念儀式；

3. 國家公祭儀式；

4. 重大外交活動或國際性集會；

5. 重大體育賽事；

6. 遇有維護國家尊嚴的場合；

7. 其他應當奏唱國歌的場合

奏唱國歌時，在場的人應肅立和舉止莊重，以表現對國歌的尊重

在香港，根據《國歌條例》附表三，需要奏唱國歌的具體場合為：

1. 官方宣誓儀式

2. 升國旗儀式，其中包括：

　　a. 特區政府舉辦的金紫荊廣場升旗儀式。

　　b. 特區政府舉辦的慶祝中華人民共和國成立周年升旗儀式。

　　c. 特區政府舉辦的慶祝中華人民共和國香港特別行政區成立周年升旗儀式。

3. 特區政府舉辦的慶祝中華人民共和國成立周年國慶酒會

4. 特區政府舉辦的慶祝中華人民共和國香港特別行政區成立周年慶祝酒會

5. 特區政府舉辦的「中國人民抗日戰爭勝利紀念日」儀式

6. 特區政府舉辦的「為保衞香港而捐軀之人士」紀念儀式

7. 特區政府舉辦的「南京大屠殺死難者國家公祭日」紀念儀式

8. 特區政府舉辦的重大體育賽事

9. 法律年度開啟典禮

奏唱國歌時，應着裝得體、精神飽滿、肅立致敬。而且在奏唱國歌時，我們應當對國歌表現出尊重的態度，不可以東張西望，與身邊人交頭接耳，或者做出接聽電話等無關行為。唱國歌時，也不可以任意更改國歌的歌詞與節奏。

不可以奏唱國歌的場合：

根據《國歌法》與《國歌條例》，國歌不得在以下場合奏唱，或用於以下用途：

1. 商標、商業廣告；

2. 私人婚喪慶弔；

3. 商業活動；

4. 其他在活動性質或者氣氛上不適宜的場合；

5. 公共場所的背景音樂。

傳媒使用國旗、國徽、國歌的場合

我們當下處在一個各類傳媒發達，互聯網深入生活每個角落的社會。那麼在電視節目、網絡短片、廣播服務等媒介中，應該怎樣使用與宣傳國旗、國徽、國歌？

《國旗及國徽條例》規定，有關廣播牌照持有人可以根據通訊事務管理局決定或指示，在領牌服務內，藉政府宣傳聲帶或政府宣傳短片，宣傳國旗、國徽及兩者的圖案。

同樣，《國歌條例》規定，通訊事務管理局須就有關廣播牌照作出決定或發出指示，規定有關牌照持有人按照《國歌條例》，於規定的每個日期，在領牌服務內藉政府宣傳聲帶或政府宣傳短片廣播國歌。

而向公眾作出的任何形式的通訊，包括講話、書寫、印刷、展示通告、廣播、於屏幕放映及播放紀錄帶或其他經記錄的材料對國旗、國徽、國歌進行侮辱，也會面臨相應的法律處罰。

尊重國旗、國徽與國歌

思考與討論：

　　觀看香港特別行政區政府政制及內地事務局宣傳短片《國家的象徵和標誌　屬於大家　一起尊重（禮儀篇）》，結合本書前文中的內容，與同學朋友們一起討論，如何在日常生活中做到尊重國旗、國徽和國歌？

《國家的象徵和標誌　屬於大家　一起尊重（禮儀篇）》

實踐篇

升旗儀式

升掛國旗是一件極其嚴肅的事，因此必須遵守一定的規範。

學校必須每週舉行一次升國旗儀式，在國慶日（10 月 1 日）、香港特別行政區成立日（7 月 1 日）和元旦日（1 月 1 日）這三個指定日子或其前後的上課日舉行升國旗儀式，升國旗儀式中須奏唱國歌。

舉行升旗儀式時，學校視乎活動場地，可使用固定旗杆或可移動旗杆。如早會在操場舉行，一般都使用校園的固定旗杆，但在禮堂或有蓋操場舉行，就使用可移動旗杆。學校應該讓學生親身參與升國旗儀式，通過情境熏陶以提升學生的國家觀念及對國民身份的認同。因此一般情況下，學校不應以播放升國旗儀式影片或轉播形式，取代實體的升國旗儀式。

此外，學校在舉行重大慶祝、紀念、大型文化體育活動、重要日子和特別場合，如：開學禮、畢業禮、水陸運動會、結業禮等，均可舉行升國旗儀式。

這些活動升降國旗的時間，可以在活動開始時升旗，活動結束時降旗。

升掛國旗是為了增強公民的國家觀念和愛國主義精神，學校一些重要場合如校慶、命名儀式、重大慶祝活動等，只要能按《國旗法》規定的國旗升掛原則，保證升掛國旗的嚴肅性，就可以升掛國旗和舉行儀式。

升旗手舉持國旗，齊步走向旗杆

升旗時，保持舉手敬禮動作

禮畢

升旗儀式程序

　　學校舉行升旗儀式，需要提倡必要的禮儀，以培養師生對國旗、國歌的崇敬感，增強大家的家國情感。學校應在每星期第一個上課天早晨舉行升旗禮，另在重大節日或紀念日，同樣應當舉行升旗儀式。

　　升旗儀式的程序如下：

出旗
奏播《歌唱祖國》，旗手舉持國旗，護旗在旗手兩側，齊步走向旗杆，在場的全體師生應當整齊列隊，面向國旗，肅立致敬；

升旗
全體師生肅立、脫帽、行注目禮或按照規定要求敬禮，高唱國歌；

國旗下講話
由校長或其他教師、學生代表等作簡短而有教育意義的講話。

國旗

以下是升旗儀式過程中，司儀和升旗隊的配合，可分成 12 個步驟。

	步　　驟	司儀講辭	升旗隊動作
預備	摺旗、準備音響		1) 旗手、護旗摺旗 2) 護旗方隊準備
	主持介紹	（如需要，可提示升旗禮中需注意的事項）	
升旗禮	**程序一** 宣告升旗禮開始	升旗禮現在開始，請全體肅立。	
	出旗		升旗隊齊步走向旗杆
	登上旗台		旗手及護旗登上旗台
	扣旗、展旗		1) 旗手及護旗扣旗 2) 旗手展旗
	程序二 升旗	升國旗、唱國歌。	升旗
	繫繩		旗手將繩繫在栓上
	離開旗台		旗手及護旗離開旗台
	離開旗杆 / 站於旗杆下		升旗隊離開旗杆 / 站於旗杆下
	程序三 國旗下講話	（介紹演講嘉賓，然後請其講話）	
	升旗禮結束	升旗禮結束。	

升降國旗時注意事項

學校舉行升旗儀式時，我們需要遵守必要的禮儀，從而培養對國旗、國歌的崇敬感，增強大家的家國情懷。

舉行升旗或降旗儀式時，全體師生應當肅立、脫帽、行注目禮或按照規定要求敬禮。升旗的時候，應奏唱國歌，但需要使用中國政府網上發布的標準演奏曲譜和官方錄音版本。降旗的時候，則不用奏唱國歌。

旗手、護旗在升降國旗時，應當徐徐升降。升旗的速度需與國歌的奏唱速度同步，準確將旗幟升至杆頂。降下時，不得使國旗落地。

如遇特別情況需下半旗誌哀，有關日期及場所均由國務院決定。下半旗時，應當先將國旗升至杆頂，然後降至旗頂與杆頂之間的距離為旗杆全長的三分一處；降下時，應先將國旗升至杆頂，然後再降下。

旗手、護旗可由升旗隊擔任，或由各班推薦代表經過嚴格訓練後，方可輪流擔任升旗任務。

如果我們聽到國歌響起，或遇上國旗正在升降（不舉行儀式）時，凡經過現場的所有人，都應當面對國旗，自覺肅立、脫帽、行注目禮或按照規定要求敬禮，待國旗升降完畢，才可自由行動。

旗手和護旗隊

升旗隊是主持升旗儀式的隊伍，隊員穿着整齊的制服、精神奕奕，動作一致，使儀式更顯莊嚴和隆重。

升旗隊的隊形

升旗隊在主持升旗禮時，隊形可如下圖：旗手和左、右護旗在前，護旗方隊在後，若條件許可，後面則是步操樂隊（或稱行進樂隊）。

升旗隊

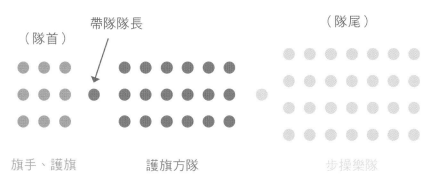

升旗隊隊列最前方是旗手和左、右護旗共 3 人，旗手在中央，護旗在左右。如同時升掛區旗則多加 3 人，再要升掛校旗則再多加 3 人。旗手和護旗後面是帶隊隊長 1 人和 18 人（人數可按學校情況增減）的護旗方隊。隊伍最末尾是步操樂隊，人數視學校具體情況而定。

升旗隊列隊行進時，國旗在隊列中的位置，應在區旗之前

　　隊列行進時，旗手及護旗在前，護旗方隊在後，帶隊隊長發令。護旗方隊後面是步操樂隊，樂隊成員按需要而定，配合整個升旗儀式。當出旗時，樂隊演奏《歌唱祖國》，升國旗時奏《義勇軍進行曲》。

　　旗手、護旗是升旗隊中主持儀式的主要隊員，站在整個升旗隊的最前方。旗手舉持國旗，左右護旗分別在旗手左右，護衛國旗。如果同時升掛區旗，則舉持和護衛區旗的三位隊員在國旗之後一排。如果同時升掛校旗，則另外三位隊員會在區旗之後。

　　若然學校未能建立一整個升旗隊，可以按實隊情況，組織旗手和左、右護旗成為最小單位的升旗隊。旗手在中央，護旗在左右，對國旗進行護衛工作，保證國旗升起或下降有序。三人為一單位，在視覺上顯得平衡和莊重。

觀看香港升旗隊總會成員金紫荊廣場升旗儀式，了解更多升旗禮儀

香港升旗隊總會

當你看到戴着禮帽、穿上白色上衣、海藍色下裳、腳踏黑皮鞋，隊列整齊，最前舉持國旗行進的隊伍——這就是你所熟知的升旗隊。升旗隊，就是一隊青少年制服團隊，創立者們對他們寄予殷切希望，祝願他們托起他們托起明天的太陽。

香港在 1997 年 7 月 1 日回歸，全社會對升掛國旗、奏唱國歌都沒有很強烈的認識。正值香港回歸 5 周年之際，一批有志推廣升國旗文化、來自各界的人士，在 2002 年 7 月 1 日創立了「香港升旗隊總會」。升旗隊的成立，目的是讓學生及社會大眾通過親身參與，認識國家、關心國家，增強對國民身份的認同。

香港升旗隊總會以學校會員為單位，並旁及熱心的個人會員，是香港唯一以國民教育為目標的青少年制服團隊。

2002 年 9 月 14 日，香港升旗隊總會舉行了「第一期升旗隊成立典禮」，超過六百位來自不同學校的師生出席，反應非常熱烈。成立典禮上，主禮嘉賓致辭時大力肯定在學校升掛國旗的重要，這為前線教師提供了重大的支持。短短三星期內，已有超過一百所中小學校報名成立升旗隊，反映香港學校對升掛國旗及進行升旗禮的殷切。

升旗隊除了重視升旗和隊列步操等技能外，更強調對國史國情的學習，通過全面對國家民族的認識，認同自己的國民身份。2011 年，升旗隊獲香港特區政府民政事務局認可，成為特區十三支青少年制服團隊之一。

香港升旗隊總會成立以後，隨着社會和學界日益迫切的需求，已發展成幼兒隊伍、小學隊伍、中學隊伍、特殊學校隊伍、青年隊伍和成人隊伍。到今天，全港已有 630 隊升旗隊，遍及不同界別。

成立 20 年來，香港升旗隊總會一直承擔着不同的大型升旗任務，包括自 2007 年起每兩年一屆的「全港運動會」開幕式升旗、2008 年

北京奧運會在港舉辦的賽事頒獎禮升旗儀式、2009 年東亞運動會開幕式升旗儀式、2015 年「渣打香港馬拉松」升旗禮等。至於社會各界和地區慶典的升旗任務，更是多不勝數。此外，總會每年度的重點活動還包括：周年檢閱禮、全港學界旗手護旗比賽、周年頒獎禮、各類領袖培訓和義工服務。除恆常訓練外，部分升旗隊成員更定期到駐港部隊學習。

香港升旗隊總會秉持立隊之本，讓社會大眾和年青一代對國家增添認同感，達致隊伍的格言：「以國為榮、為國爭光」。

你願意加入這個隊伍嗎？

香港升旗隊總會升旗隊的活動

天安門廣場升降國旗模式有甚麼變化？

　　每當想起升國旗的畫面，你一定忘不了英姿爽颯的國旗護衛隊戰士把國旗揚上天際的景象。國旗在他們心中的份量有多重，你完全可以想像得到。

　　國旗是國家的象徵，也是民族的驕傲。國旗帶給人們的不僅是榮耀，更多的是愛國的情意。五星紅旗在天安門廣場上飄揚了 70 多個春秋，裏面蘊含了國旗護衛隊無數的心血和艱辛。護我國旗、壯我國威，是天安門國旗護衛隊官兵的神聖職責。

　　天安門廣場的升旗儀式在過去七十多年，有着數次重要的變化。

　　1949 年 10 月 1 日，毛澤東主席親自按下電鈕升起了第一面五星紅旗。1949 年 10 月 2 日開始，天安門廣場升降國旗任務由北京公安糾察總隊負責。由於旗杆下的電機歸北京市供電局負責，於是，升降國旗任務便交給了供電局的員工陳紅年。

　　1951 年 10 月 1 日開始，同樣在北京市供電局工作的胡其俊開始擔負天安門廣場升降國旗任務，一直長達 26 年。那時候，看升降國旗的人並不多，而升旗設備很簡陋，也不奏國歌。每次胡其俊準備升旗時，要跳進旗杆邊的漢白玉欄杆，再爬上旗台，等候日出。這二十多年裏，並不是每天都升旗。國旗只是在元旦、春節、五一、十一等重大節日時，才會在早晨升起，晚上降下。

　　1976 年 5 月 1 日起，北京市政府決定每天升降國旗，並由北京衛戍區警衛二師擔負天安門廣場升降旗任務，稱為「國旗護衛班」。從此，每天由兩人負責國旗升降，一名戰士肩扛着國旗，一名戰士護旗。他們經過長街時，還得給機動車讓行，升旗的場面也不夠莊嚴。

　　1982 年 12 月 28 日，中國人民武裝警察部隊北京總隊進駐天安門，擔負升降國旗和天安門廣場、天安門城樓、金水橋、人民英雄紀念

碑以及迎賓儀式的現場警衛任務。原本的 2 人升旗改為 3 人升旗，其中 1 人擎旗，2 人護旗，正步前進。同時，旗手和護旗統一着裝，並按編制的時間表升降旗。這個升降國旗和守衛國旗的小隊，稱為「天安門國旗班」。從此，天安門廣場有了第一套規範的國旗升降儀式和完備的升旗隊伍。

1990 年 10 月 1 日，《中華人民共和國國旗法》頒布，要求升國旗時必須奏國歌，讓升旗儀式更加莊嚴隆重。原來的國旗旗杆基座高 2 米，周圍都是封閉的，升降國旗時旗手徒手攀上基座，顯得很不雅觀。經有關部門批准，國旗基座於 1991 年 2 月 23 日開始改建。1991 年 4 月 16 日，32.6 米高的新國旗杆和國旗基座啟用。

1991 年 5 月 1 日，由 3 人升降國旗的「天安門國旗班」擴編為 36 人的「天安門國旗護衛隊」成立，標誌着國旗升降禮儀進入了嶄新時代。

從 2018 年 1 月 1 日起，中國人民解放軍擔負國旗護衛和禮炮鳴放任務。國旗護衛隊的人數，由每月第一天升國旗的 36 名增加至 96 名，平日升國旗則由過去 36 名增加至 66 名，更好體現威武雄壯的氣勢和陣容。此前守衛國旗 35 年的天安門國旗護衛隊（1991 年以前稱為「天安門國旗班」）光榮結束使命，成為歷史。

今天，中國人民解放軍儀仗隊繼續用挺拔的軍姿、威武的氣勢，維護着祖國的尊嚴，向世界展示着國家和軍隊的形象。

升旗前的準備

　　升旗隊在升旗禮時，舉持國旗行進，目的是令旗手能拿着一面有美感的旗幟，同時觀禮者亦能清楚看見五星紅旗隨着《歌唱祖國》出場。因此，升旗禮前的準備工作之一是摺旗，這便需要旗手和護旗的配合。步驟如下：

開始

升旗隊旗手、護旗將旗面展開。

❶ 左右護旗將旗面對摺一半。

❷ 左右護旗將旗面再對摺一半，將裏面的旗面交給旗手用大拇指夾着。

❸ 左右護旗展開前半部分的旗面。

❹ 左右護旗將前半部分旗面對摺一半。

❺ 左右護旗將前半部分旗面再對
摺一半。

❻ 左右護旗展開後半部分旗面。

❼ 左右護旗將後半部分旗面對摺
一半。

⑧ 左右護旗將後半部分旗面再對摺一半。最後疊成八份，將全部旗面交給旗手。

⑨ 右護旗用右手將旗面下三分之一處向上提，然後交給旗手。左手用拇指和食指提着下旗角。

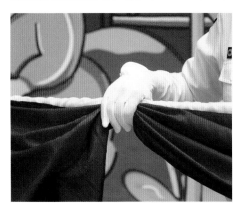

⑩ 旗手鬆開右手，接過右護旗中的旗面，並緊握。

11 旗手將國旗向前舉持成 45 度，右手在前，左手握短杆下端；左護旗同時右手拉着上旗角向左，畫一個大 C 字至身右。

12 旗手用左手接過左護旗的上旗角夾在食指和中指間，接過右護旗的下旗角夾在中指和無名指間。

完成

左護旗向左踏步並右轉，右護旗向右踏步並左轉，與旗手並排站立。

觀看視頻《摺旗十二步》，強化學習印象

升旗儀式十二步

開始

旗手

發令。保持面向旗杆。

左護旗

當旗手發令後，與右護旗同時向前踏一步，站在旗杆旁。

右護旗

當旗手發令後，與左護旗同時向前踏一步，站在旗杆旁。

2

旗手

發令。保持面向旗杆。

左護旗

當旗手發令後，向右轉，面向旗杆。

右護旗

當旗手發令後，向左轉，面向旗杆。

③

旗手

將國旗下擺，與地面呈 45 度。

左護旗

雙手握拳放在胸前，面向旗杆。

右護旗

雙手握拳放在胸前，面向旗杆。

④

旗手

雙手持旗，面向旗杆。

左護旗

將旗繩解開，並將右旗繩交給右護旗。

右護旗

從左護旗手中接過右旗繩。

⑤

旗手

當左護旗將旗扣上旗繩後，右手握旗，使旗與地面垂直，並將旗展開，左手緊垂身旁。

左護旗

配合右護旗將國旗扣在旗繩上。

右護旗

配合左護旗的動作將旗繩下拉。

⑥

旗手

肅立，右手握旗，旗略展開，等待升旗。

左護旗

將雙手手背貼着旗杆，等待升旗。

右護旗

將雙手手背貼着旗杆，等待升旗。

旗手

當國歌奏起，國旗升至旗手的肩膀高度後，右腳向右前方踏前一步揚旗，然後右腳放回原位。立正敬禮。

左護旗

將雙手手背貼緊旗杆，固定旗繩。

右護旗

將雙手手背貼緊旗杆，隨音樂拍子把旗繩拉上。

⑧

旗手

當國歌奏畢，國旗升至旗杆頂，敬禮畢。雙手接過旗繩，將旗繩拉緊，把旗繩繫在栓上。

左護旗

當國歌奏畢，國旗升至旗杆頂點後，把手中的旗繩交與右護旗，然後跟右護旗同時敬禮。

右護旗

當國歌奏畢，國旗升至旗杆頂點後，從左護旗中接過旗繩，將兩條繩交與旗手，然後跟左護旗同時敬禮。

旗手

當繫好旗繩後起手敬禮。

左護旗

保持舉手敬禮動作。

右護旗

保持舉手敬禮動作。

⑩

旗手

發令後與左、右護旗同時完成敬禮動作。

左護旗

當旗手發令後，與右護旗及旗手同時完成敬禮動作。

右護旗

當旗手發令後，與左護旗及旗手同時完成敬禮動作。

⑪

旗手

發令，向右轉 180 度至背向旗杆。

左護旗

待旗手發令後，向右轉 90 度。

右護旗

待旗手發令後，向左轉 90 度。

12

旗手

肅立。

左護旗

與右護旗同時向前踏一步，與旗手並排。

右護旗

與左護旗同時向前踏一步，與旗手並排。

完成

　　當你有機會在學校主持升旗儀式，牢記以上的步驟，就可讓你具體地掌握所有細節，做個出色升旗手！

觀看視頻《升旗十二步》，強化學習印象

國旗在哪裏

　　國家鼓勵公民和組織在適宜的場合使用國旗和國旗圖案。所以，在節日活動中、在學校內如課室及禮堂、在辦公室，都可以懸掛國旗。

串旗

　　串旗是由很多面小旗串聯而成，一般懸掛在室內、路邊、廣場、大樓外等場所。一般在國慶節、特區成立日在街上均可見，而節日、慶典等活動，如學校的校慶、畢業禮等也常見。既可點綴氣氛，又可吸引大眾的注意。

　　串旗有多種規格，一般每面旗以 14 X 21 厘米及 20 X 30 厘米為主，然後串連為一條，方便張掛。串旗長短自由組成，具有輕薄、飄逸、美觀、簡潔、方便保存、拆裝方便等特點。

香港市民與街頭懸掛的國旗與區旗合影

手搖旗

在大型活動場合，為了使現場氣氛更高漲，參與者多獲分發手持的小旗，在現場揮舞渲染愛國氣氛。在國慶日或特區成立日等活動和慶典上，往往都會用上。旗一般為 14 X 21 厘米，並連同小旗杆作手持用。

桌旗

桌旗是放在辦公桌上或會議桌上的小旗幟，它不僅代表國家、團體、機構或個人，而且也起着裝飾的作用。一般的桌旗以 14 X 21 厘米居多。

桌旗的形式有三種，包括單杆 Y 型、雙杆 V 型及 T 型，其下有不同材質的底座。

室內旗

在具有標誌性的室內地方，如發布廳、會見室或辦公室等地方，都會豎立室內旗，以顯示其莊嚴性。在國家元首會面或會議、外交部記者會或顯示國家性質的場合，往往會豎立室內旗。

車旗

車旗是豎在汽車前方的旗幟，用以顯示身份和地位，較常見的情況是配置在國家元首或外交使節的車輛前方。

車旗的旗杆長度從 28 至 55 厘米不等，車旗尺度有 14 x 21 厘米或 20 x 30 厘米，根據每輛車的具體使用情況製作，沒有嚴格的要求。

日常生活中的國徽

在法律法規指定的機構場所之外，國徽還出現在許多日常生活的物件上。

刻有國徽圖案的機構印章

國家重要機構，包括國家駐外使館、領館和其他外交代表機構的印章均刻有國徽圖案，表明代表國家行使權力。

印有國徽圖案的文書和出版物

下列文書、出版物等應當印有國徽圖案：

1）全國人民代表大會常務委員會、中華人民共和國主席和國務院頒發的榮譽證書、任命書、外交文書；

2）中華人民共和國主席、副主席，全國人民代表大會常務委員會委員長、副委員長，國務院總理、副總理、國務委員，中央軍事委員會主席、副主席，國家監察委員會主任，最高人民法院院長和最高人民檢察院檢察長以職務名義對外使用的信封、信箋、請柬等；

3）全國人民代表大會常務委員會公報、國務院公報、最高人民法院公報和最高人民檢察院公報的封面；

4）國家出版的法律、法規正式版本的封面。

使用國徽圖案的網站

　　根據《國徽法》，國家重要機構應當在其網站首頁顯著位置使用國徽圖案。

　　在香港方面，根據《國旗及國徽條例》，下列機構網站首頁顯著位置應使用國徽圖案：

　　　　1）香港特別行政區政府；

　　　　2）立法會；

　　　　3）司法機構。

香港特別行政區官方網站上的國徽圖案

人民幣

　　在全國流通的貨幣上印有國徽的圖案，是國家獨立、主權和尊嚴的重要體現。

　　1948 年 12 月 7 日，中國人民銀行在河北省石家莊市成立。為了迎接全國解放，統一貨幣，當天就開始發行統一的人民幣。時任華北人民政府主席的董必武，為該套人民幣題寫了「中國人民銀行」的名稱。

　　由於第一套人民幣是在國徽產生之前發行的，所以該套人民幣上沒有國徽圖案。

　　1955 年 3 月 1 日，中國人民銀行正式發行第二套人民幣。主幣有 1 元、2 元、3 元、5 元、10 元等 5 種，輔幣有 1 分、2 分、5 分、1 角、2 角、5 角等 6 種，主幣輔幣共計 11 種。為了體現新中國的獨立、主權和尊嚴，第二套人民幣的 11 種面額都印有國徽圖案。

　　之後，1962 年、1987 年和 1999 年中國人民銀行分別發行了第三、四、五套人民幣，它們的紙幣上全部都印有國徽圖案。

　　除了紙幣外，中國人民銀行自 1957 年 12 月 1 日起還發行了硬幣。直至 1992 年 6 月 1 日發行的第四套人民幣，所有人民幣硬幣都有一面是國徽圖案的浮雕。

國徽

第四套人民幣一元硬幣上的國徽

證件

下列證件、證照可以使用國徽圖案：

　　1）國家機關工作人員的工作證件、執法證件等；

　　2）國家機關頒發的營業執照、許可證書、批准證書、資格證書、權利證書等；

　　3）居民身份證，中華人民共和國護照等法定出入境證件。

　　4）國家機關和武裝力量的徽章可以將國徽圖案作為核心圖案。

中華人民共和國護照（左）與中華人民共和國香港特別行政區護照（右）

國徽徽章

公民在莊重的場合，可以佩戴國徽徽章，表達愛國情感。

奏唱國歌時的禮儀

　　奏唱國歌時，我們應當着裝得體，精神飽滿，肅立致敬，舉止莊重，表現出儀式感和莊重感，不得有不尊重國歌的行為。

　　唱國歌時，我們應自始至終跟唱，吐字清晰，節奏適當。同時，不得交談、左顧右盼、走動或鼓掌，不得接打電話或從事其他無關的行為。

　　在運動賽場上奏唱國歌，除了遵守一般要求外，國歌奏唱儀式開始前，應當全體起立。比賽中遇上奏國歌的情況，在不違反競賽規則的前提下，裁判應當指示暫停比賽活動，以示尊重。

全體師生肅立、脫帽、行注目禮或按照規定要求敬禮，高唱國歌

與國歌連奏的歌曲

　　外事活動，如果屬接待國賓儀式或者國際性集會時，可以連奏有關國家國歌或有關國際組織會歌。這展現了國與國的對等禮節。

　　在學校方面，香港教育局的《國旗、國徽、國歌和區旗常見問與答》指引中明確提到，為體現國歌的莊嚴，國歌不得與其他歌曲（例如學校校歌）緊接奏唱，以免令人誤會兩者是同一首歌曲。因此，學校在奏唱國歌後，應有明確的環節區分。奏唱國歌完畢，需要有一段時間的停頓之後，再奏唱其他歌曲。

鳴謝

此書由　大灣區共同家園青年公益基金贊助出版，特此鳴謝。

支持機構：

香港特別行政區政府教育局

香港升旗隊總會

香港中華文化促進中心理事會

香港資助小學校長會

香港島校長聯會

九龍地域校長聯會

新界校長會

香港直接資助學校議會

津貼小學議會

香港幼稚園協會

本書部分參考資料、圖片及視頻來源：

◎ 許振隆先生

◎ 香港升旗隊總會

◎ 香港教育工作者聯會黃楚標中學

◎ 《鑒往知來 —— 慶祝香港回歸 25 周年大型主題展覽畫冊（1997-2022）》，香港：紫荊出版社，2022。

◎ 香港特別行政區政府網頁：
https://www.cmab.gov.hk/tc/issues/national_flag_emblem_anthem.htm

◎ 香港特別行政區政府教育局網頁：
https://www.edb.gov.hk/tc/curriculum-development/4-key-tasks/moral-civic/newwebsite/flagraising.html

◎ 中國人大網：
http://www.npc.gov.cn/npc/gqgggh/202101/84c174f138044a98ba211a15b316ffc4/files/afff82e8be374e8ebbf2f82085c7e971.pdf

◎ 岳岸編介，《義勇軍進行曲》首個英譯本，
http://www.yingyushijie. com/magazine/detail/id/5462/category/52.html

◎ 人民網：
http://politics.people.com.cn/BIG5/n/2012/0920/c1026-19057497.html

◎ 央廣網：
http://china.cnr.cn/gdgg/20210604/t20210604_525504546.shtml

責任編輯：楊歌
裝幀設計：鄧佩儀
排　　版：鄧佩儀
印　　務：劉漢舉

國旗國徽國歌知多少　（中學篇）

許振隆 編著

出版 | 中華教育
香港北角英皇道 499 號北角工業大廈 1 樓 B 室
電話：(852) 2137 2338　傳真：(852) 2713 8202
電子郵件：info@chunghwabook.com.hk
網址：http://www.chunghwabook.com.hk

發行 | 香港聯合書刊物流有限公司
香港新界荃灣德士古道 220-248 號 荃灣工業中心 16 樓
電話：（852）2150 2100　傳真：（852）2407 3062
電子郵件：info@suplogistics.com.hk

印刷 | 美雅印刷製本有限公司
香港觀塘榮業街 6 號海濱工業大廈 4 字樓 A 室

版次 | 2022 年 10 月第 1 版第 1 次印刷
©2022 中華教育

規格 | 16 開（230mm x 170mm）

ISBN | 978-988-8807-57-4